Uebertragung, Verpfändung und Pfändung von Sachen und Rechten.

Von

Oberamtsrichter Dr. W. Kriener
in München.

Sonderdruck aus der „Zeitschrift für Rechtspflege in
:: :: :: Bayern“ 1930 Nr. 3, 4 :: :: ::

1930

München, Berlin und Leipzig
J. Schweitzer Verlag (Arthur Sellier)

Übertragung, Verpfändung und Pfändung von Sachen und Rechten.

Von Oberamtsrichter Dr. W. Kriener in München.

I. Bewegliche Sachen. 1. Übertragung.

Zur Übertragung des Eigentums ist erforderlich: Übereignungseinigung in der Richtung auf die Sache und Besitzübertragung der Sache im weiteren Sinn; § 929 mit § 931 BGB. § 929 BGB. erhebt das Traditionsprinzip zum Grundsatz und verlangt daher Übergabe = körperliche Übergabe = Übertragung im engeren Sinn. Die §§ 930 und 931 BGB. lassen Ersatzmittel zu, die mit einer körperlichen Übergabe nichts mehr zu tun haben, und durchbrechen damit das Traditionsprinzip. Sowohl die körperliche Besitzübergabe als die Ersatzmittel sollen als Besitzübertragung im weiteren Sinn bezeichnet werden. Als Hauptformen dieser Besitzübertragung im weiteren Sinne kommen in Frage:

a) Ist der Eigentümer unmittelbarer, körperlicher Besitzer nach § 854 BGB.: körperliche Besitzübergabe; § 929 Satz 1 BGB.

b) Ist der Erwerber schon unmittelbarer Besitzer, etwa als Verwahrer, Pfandgläubiger, Mieter, so erübrigt sich diese; § 929 Satz 2. Brevi manu traditio.

c) Ist der Eigentümer unmittelbarer Besitzer der Sache, so kann die körperliche Besitzübergabe dadurch ersetzt werden, daß zwischen ihm und dem Erwerber ein Rechtsverhältnis vereinbart wird, vermöge dessen der Erwerber den mittelbaren Besitz des § 868 BGB. erlangt; beide sind über die Übereignung des Eigentums einig, der Veräußerer behält aber den unmittelbaren

Besitz, etwa als Verwahrer, Pfandgläubiger, Mieter; § 930 BGB. Constitutum possessorium.

d) Ein Dritter ist unmittelbarer Besitzer der Sache. Der Eigentümer hat hier gegen den Besitzer = Dritten, den Herausgabeanspruch (= HA.) des § 985 BGB. Die Erfüllung = Leistung = Einziehung dieses Anspruchs erfolgt wie jene einer Forderung freiwillig oder zwangsweise. Entweder gibt der Besitzer dem Eigentümer die Sache freiwillig heraus; oder bei Weigerung ergeht Eigentumsklage (rei vindicatio), Urteil, und wird dann die Sache dem Besitzer vom Gerichtsvollzieher weggenommen und dem Eigentümer übergeben nach §§ 883 ff. ZPO. Dieser HA. kann selbständig übertragen, gepfändet und verpfändet werden. Unter Wahrung des Traditionsprinzips ist nun hier die Eigentumsübertragung in der Weise denkbar, daß der Eigentümer dem Erwerber den HA. nach §§ 398, 413 BGB. abtritt; daß sodann der Erwerber auf Grund des abgetretenen HA. sich vom Dritten freiwillig oder zwangsweise den körperlichen Besitz der Sache verschafft; und daß erst mit dieser Besitzübergabe (in Verbindung mit der schon früher erfolgten Übereignungseinigung) das Eigentum auf den Erwerber übergeht. Im Gegensatz hiezu und unter Aufgabe des Traditionsprinzips bestimmt aber § 931 BGB., daß Eigentum schon mit Abtretung des HA. übergeht. Die spätere eventuelle Verschaffung des körperlichen Besitzes erfolgt also dann nicht mehr auf Grund des abgetretenen HA. allein, sondern als Ausfluß des schon übergegangenen Eigentums. Dabei ist zu unterscheiden:

α) Entweder ist der Eigentümer mittelbarer Besitzer auf Grund eines Rechtsverhältnisses nach § 868 BGB.; der Eigentümer ist z. B. Hintersteller, Verpfänder, Vermieter, der Dritte ist Verwahrer, Pfandgläubiger, Mieter. In diesem Fall hat der Eigentümer nicht nur den einfachen dinglichen HA. des § 985 BGB., es besteht vielmehr ein qualifizierter HA., nämlich zugleich ein persönlicher HA. des § 870 BGB. Mit der Abtretung des dinglichen wird daher zugleich der persönliche HA. abgetreten. Wird aber dieser abgetreten, so wird damit nach § 870 BGB. zugleich der mittelbare Besitz übertragen. Mit der Abtretung des dinglichen HA. erfolgt also hier zugleich die Abtretung des persönlichen HA. und mit dieser zugleich die Übertragung des mittelbaren Besitzes[1]). Hier wird also der Erwerber wenigstens mittelbarer Besitzer, ein Begriff, der mit dem körperlichen Besitz allerdings gar nichts zu tun hat.

β) Oder der Eigentümer hat nicht einmal mittelbaren Besitz. Der Dritte ist z. B. gutgläubiger Eigenbesitzer; er ist der Ansicht, er sei Eigentümer; oder er ist schlechtgläubiger Eigenbesitzer, etwa als Dieb oder Finder. Hier wird die körperliche Besitzübergabe lediglich durch Abtretung des dinglichen HA. ersetzt.

In beiden Fällen wird also die körperliche Besitzübergabe durch Abtretung des dinglichen HA. ersetzt; nur im ersten Fall geht mit dem dinglichen zugleich der persönliche HA. und damit der mittelbare Besitz auf den Erwerber über.

2. Verpfändung. Zur Verpfändung ist erforderlich: Verpfändungseinigung in der Richtung auf die Sache und Besitzübertragung der Sache im weiteren Sinn; § 1205 BGB. Auch § 1205 Abs. 1 BGB. erhebt das Traditionsprinzip zum Grundsatz und verlangt daher körperliche Übergabe = Übertragung im engeren

[1]) In gleicher Weise wird beim constitutum possessorium der dingliche HA. und mit ihm der persönliche HA. abgetreten und mit diesem der mittelbare Besitz übertragen.

Sinn. Auch § 1205 Abs. 2 BGB. läßt Ersatzmittel zu, wenn auch in geringerem Umfang. Als Hauptformen der Besitzübertragung im weiteren Sinn kommen hier in Frage:

a) Ist der Verpfänder = Eigentümer unmittelbarer, körperlicher Besitzer: körperliche Besitzübergabe; § 1205 Abs. 1 Satz 1 BGB.

b) Ist Gläubiger = Pfandgläubiger schon unmittelbarer Besitzer, etwa als Verwahrer oder Mieter, so erübrigt sich diese; § 1205 Abs. 1 Satz 2 BGB.

c) Ersatz der körperlichen Besitzübergabe durch constitutum possessorium ist hier unzulässig.

d) Ein Dritter ist unmittelbarer Besitzer der Sache. Der Eigentümer hat also gegen den Dritten den HA. des § 985 BGB., auf Grund dessen er sich (von seite des Dritten) freiwillig oder zwangsweise den körperlichen Besitz der Sache verschaffen kann, s. oben 1 d. Unter Wahrung des Traditionsprinzips ist hier die Verpfändung der Sache in der Weise möglich, daß der Verpfänder dem Pfandgläubiger den HA. nach §§ 1274, 1280 BGB. verpfändet, daß sodann vom Dritten der körperliche Besitz freiwillig oder zwangsweise herausgegeben wird, und daß mit dieser Leistung erst das Pfandrecht an der Sache selbst nach § 1287 BGB. erworben wird. Dabei ist zu beachten, daß hier der Pfandgläubiger nicht schon vor, sondern erst nach Fälligkeit der gesicherten Forderung zur selbständigen Einziehung des HA. befugt ist, §§ 1281, 1282 Abs. 1 Satz 1; und daß vor deren Fälligkeit der Dritte die Sache, wenn er sie leistet, an beide gemeinsam, § 1281, und erst nach Fälligkeit an den Pfandgläubiger allein herausgeben muß, § 1282 Abs. 1 Satz 1. Der Pfandgläubiger hat z. B. gegen den Verpfänder eine nach vier Wochen fällige Forderung, zu deren Sicherung er ein Auto verpfänden will, das er einem Dritten vermietet und übergeben hat; er verpfändet also vorerst seinen HA.; wird der Mietvertrag vor der genannten Frist beendet, so kann nur der Verpfänder Herausgabe verlangen, allerdings nur an beide gemeinsam; wird der Mietvertrag nach Ablauf der Frist beendet, so kann nunmehr auch der Pfandgläubiger Herausgabe verlangen, und zwar an sich allein; in beiden Fällen entsteht erst mit Besitzübergabe der Sache ein Pfandrecht an der Sache selbst. Auch hier kann unter Umgehung des Traditionsprinzips, also ohne körperliche Besitzübergabe, gleich an der Sache selbst ein Pfandrecht geschaffen werden, allerdings nur dann, wenn der Verpfänder mittelbarer Besitzer ist. § 1205 Abs. 2 sagt: „Die Übergabe einer in mittelbarem Besitz des Eigentümers befindlichen Sache kann dadurch ersetzt werden, daß der Eigentümer den mittelbaren Besitz auf den Pfandgläubiger überträgt und die Verpfändung dem Besitzer anzeigt." Wie aber oben ausgeführt, kann die Übertragung des mittelbaren Besitzes nur durch Abtretung des persönlichen HA. nach § 870 BGB. erfolgen; und die Abtretung des persönlichen HA. kann, wo mittelbarer Besitzer und Eigentümer zusammenfallen, nur durch die Abtretung des dinglichen HA. erfolgen. Erforderlich ist also hier die Abtretung des dinglichen HA. (die dann die Abtretung des persönlichen HA. und die Übertragung des mittelbaren Besitzes zur notwendigen Folge hat) und Anzeige hievon an den Dritten. § 1205 Abs. 2 legt das Schwergewicht nicht auf die Übertragung des mittelbaren Besitzes, sondern will damit offenbar nur sagen und einschränken, daß, im Gegensatz zu § 931 BGB., nur jener Eigentümer seinen dinglichen HA. abtreten kann, der mittelbarer Besitzer ist; daß mit dem dinglichen HA. zugleich der persönliche und mit diesem der mittelbare Besitz auf den Pfandgläubiger übergeht, ist nur eine notwendige Folgeerscheinung dieser Einschränkung. Der Eigentümer, der mittelbarer Besitzer der Sache ist, kann daher an dieser nach Wahl entweder indirekt ein Pfandrecht bestellen durch vorläufige Verpfändung des HA. in der Form der §§ 1274, 1280 BGB. mit den Rechtsfolgen der §§ 1281, 1282, 1287 BGB.; oder er kann gleich ein direktes Pfandrecht an der Sache bestellen in der Form des § 1205 Abs. 2 BGB. Im Zweifel ist die Bestellung eines direkten Pfandrechts als gewollt anzunehmen. Es ist also zu unterscheiden:

α) Ist der Verpfänder mittelbarer Besitzer der Sache, etwa als Hintersteller, Verpfänder, Vermieter, so wird die körperliche Übergabe hier dadurch ersetzt, daß der Verpfänder den dinglichen und damit den persönlichen HA. abtritt und damit den mittelbaren Besitz überträgt, und des ferneren die Verpfändung dem Dritten anzeigt; § 1205 Abs. 2 BGB.

β) Ist dagegen Verpfänder nicht mittelbarer Besitzer, hat er also gegen den Dritten nur den dinglichen HA., so ist hier ein Ersatzmittel für die körperliche Übergabe der Sache nicht zugelassen; es kann vorerst nur der dingliche HA. verpfändet werden; erst wenn dessen Herausgabe freiwillig oder zwangsweise in der vorerwähnten Weise erfolgt ist, ist ein Pfandrecht an der Sache selbst entstanden.

e) Endlich kann die körperliche Besitzübergabe durch Einräumung des Mitbesitzes (Mitverschlusses) nach § 1206 BGB. ersetzt werden.

3. Pfändung. Die Pfändungseinigung wird hier ersetzt durch den Vollstreckungstitel, auf Grund dessen der Gläubiger oder der Gerichtsvollzieher die Pfandsache wählen kann und

der Schuldner die Wahl anerkennen muß (Zwangseinigung). Dazu kommt noch die Besitzübertragung der Sache, aber nur jene im engeren Sinn, also die körperliche Besitzübergabe; das Traditionsprinzip ist hier rein gewahrt. Als Formen der Besitzübertragung kommen demnach hier in Frage:

a) Ist der Schuldner unmittelbarer, körperlicher Besitzer (die ZPO. gebraucht hiefür, entsprechend ihrer Fassung vom Jahre 1879, das Wort Gewahrsam, was aber das gleiche bedeutet): körperliche Besitzübergabe, die hier dadurch erfolgt, daß der Gerichtsvollzieher die Sache in Besitz nimmt; § 808 Abs. 1 und 2 ZPO.

b) Ist der Gläubiger unmittelbarer Besitzer, desgleichen; § 809 ZPO.

c) Constitutum possessorium kommt hier nicht in Frage.

d) Ein Dritter ist unmittelbarer Besitzer. Ist der Dritte sofort zur Herausgabe bereit, so ist es nach § 809 ZPO. so anzusehen, als ob die Sache im unmittelbaren Besitz des Schuldners wäre, und kann dann nach § 808 ZPO. gleich die Sache selbst gepfändet werden. Im übrigen ist zu sagen: Der Gläubiger kann auf Grund seines Vollstreckungstitels beliebige pfändbare Sachen und Rechte des Schuldners pfänden lassen. Der Schuldner hat gegen den Dritten einen HA. nach § 985, d. h. der Dritte muß dem Schuldner die Sache freiwillig oder zwangsweise nach §§ 883 ff. ZPO. herausgeben. Der Gläubiger läßt diesen HA. des Schuldners gegen den Dritten, ähnlich einer Forderung, durch Beschluß des Vollstreckungsgerichtes pfänden und sich zur Einziehung überweisen; §§ 846, 847, 849, 929, 835 ZPO. Damit ist der HA. des Schuldners gegen den Dritten auf den Gläubiger übergegangen, d. h. der Dritte muß nun dem Gläubiger die Sache freiwillig oder zwangsweise herausgeben, vielmehr dem Gerichtsvollzieher als dessen Vertreter (§ 847 ZPO.). Entweder erfolgt nunmehr die Herausgabe der Sache freiwillig, oder sie erfolgt nach Klage und Urteil zwangsweise nach §§ 883 ff. ZPO. In beiden Fällen ist erst mit der körperlichen Übergabe der Sache an den Gerichtsvollzieher ein Pfandrecht an der Sache selbst entstanden. Nunmehr erst kann die Sache zur Befriedigung der Forderung des Gläubigers nach §§ 814 ff. ZPO. versteigert werden.

Ia. **Zusammenfassung zu I.** Mit Rücksicht darauf, daß die Grundsätze unter I., soweit es sich um Besitzübertragung im weiteren Sinn handelt, auf die Übertragung, Verpfändung und Pfändung von Briefgrundschulden und Briefhypotheken (s. unten V.) restlos Anwendung finden, sollen diese Grundsätze hier nochmals kurz zusammengefaßt werden:

1. Zur Übertragung des Eigentums ist erforderlich: Übereignungseinigung in der Richtung auf die Sache und Besitzübertragung im weiteren Sinn der Sache. Diese Besitzübertragung im weiteren Sinn umfaßt sowohl die körperliche Besitzübergabe als auch Ersatzmittel. Als Besitzübertragung im weiteren Sinn kommt in Frage: a) Ist der Eigentümer unmittelbarer Besitzer: körperliche Besitzübergabe; § 929 Satz 1 BGB. b) Ist der Erwerber schon unmittelbarer Besitzer, so erübrigt sich diese; § 929 Satz 2 BGB. c) Ist der Eigentümer unmittelbarer Besitzer, so kann die körperliche Besitzübergabe durch constitutum possessorium ersetzt werden; § 930 BGB. d) Ist ein Dritter unmittelbarer Besitzer, so kann die hier nicht mögliche körperliche Besitzübergabe, ohne Unterschied, ob Eigentümer mittelbarer Besitzer ist

oder nicht, durch Abtretung des HA. ersetzt werden; § 931 BGB. Dabei ist zu beachten: α) Ist Eigentümer mittelbarer Besitzer, so wird hier mit dem dinglichen HA. zugleich der persönliche HA. abgetreten und mit diesem nach § 870 BGB. zugleich der mittelbare Besitz übertragen. β) Ist Eigentümer nicht mittelbarer Besitzer, so kann selbstredend nur der dingliche HA. abgetreten werden.

2. Zur Verpfändung ist erforderlich: Verpfändungseinigung in der Richtung auf die Sache und Besitzübertragung der Sache im weiteren Sinn. Diese Besitzübertragung im weiteren Sinn umfaßt auch hier sowohl die körperliche Besitzübergabe als auch Ersatzmittel. Als Besitzübertragung im weiteren Sinn kommt hier in Frage:

a) Ist der Verpfänder unmittelbarer Besitzer: körperliche Besitzübergabe; § 1205 Abs. 1 Satz 1 BGB. b) Ist der Gläubiger unmittelbarer Besitzer der Sache, so erübrigt sich diese; § 1205 Abs. 1 Satz 2. c) Ersatz durch constitutum possessorium ist hier nicht zugelassen. d) Ist ein Dritter unmittelbarer Besitzer, so ist hier zu unterscheiden: α) Ist der Verpfänder mittelbarer Besitzer, so kann die hier nicht mögliche körperliche Besitzübergabe durch Abtretung des dinglichen HA. und damit Abtretung des persönlichen HA. und damit Übertragung des mittelbaren Besitzes und Anzeige der Verpfändung an den Dritten ersetzt werden; § 1205 Abs. 2 BGB. β) Ist der Verpfänder nicht mittelbarer Besitzer, so ist ein Ersatzmittel für die hier nicht mögliche körperliche Besitzübergabe nicht zulässig. Der Verpfänder kann hier dem Pfandgläubiger nur seinen HA. verpfänden, und erst, wenn letzterer auf Grund dieses Anspruchs körperlichen Besitz der Sache erlangt hat, ist das Pfandrecht an der Sache selbst entstanden. e) Einräumung des Mitbesitzes (Mitverschlusses) nach § 1206 BGB.

3. Zur Pfändung ist erforderlich: Vollstreckungstitel und Besitzübertragung, hier aber nur im engeren Sinn, also körperliche Besitzübergabe. Diese erfolgt: a) Ist der Schuldner unmittelbarer, körperlicher Besitzer, durch Pfändung; §§ 808 ZPO. b) Ist der Gläubiger unmittelbarer Besitzer, desgleichen; § 809 ZPO. c) Ersatz durch constitutum possessorium ist ausgeschlossen. d) Ein Dritter ist unmittelbarer Besitzer. Ist er zur sofortigen Herausgabe bereit, so kann die Sache sofort gepfändet werden; § 809 ZPO. Ist er nicht hiezu bereit, so kann ohne Unterschied, ob der Eigentümer mittelbarer Besitzer ist oder nicht, vorerst nur der HA. gepfändet werden und entsteht das Sachpfandrecht erst mit der körperlichen Besitzübergabe, wie oben unter I 3 d dargelegt.

II. **Grundstücke.** Im Gegensatz zum Traditionsprinzip bei Mobilien, das wegen seiner vielen Ausnahmen der Erkennbarkeit der Rechte nicht mehr zu dienen vermag, steht das bei Grundstücken konsequenter durchgeführte Buchsystem. Alle Grundstücke werden gebucht. Rechtsgeschäftliche Rechtsänderungen bedürfen neben der Einigung der Eintragung in das Grundbuch; die Besitzübergabe ist für die Rechtsänderung ohne Bedeutung. Die Rechte als solche können daher jederzeit aus dem Grundbuch ersehen werden.

1. Die Übertragung erfolgt durch Einigung und zwar in der Form der Auflassung und Eintragung im Grundbuch; § 873 Abs. 1 Fall 1, § 925.

2. Verpfändung. Grundsätzlich ist hiezu erforderlich Einigung und Eintragung; § 873. Mit Rücksicht auf die Ausführungen unter IV und V ist wegen der Grundstückspfandrechte nach ihrer positiven, aktiven Seite auf folgendes

hinzuweisen: a) Materiell gibt es zwei Arten von Grundstückspfandrechten im weiteren Sinn: Grundschuld und Hypothek. Beide Arten haben den gleichen Inhalt: Der jeweilige Grundstückseigentümer muß dulden, daß der Gläubiger das Grundstück versteigern läßt und die in der Grundschuld oder Hypothek genannte Geldsumme aus dem Versteigerungserlös zugeteilt erhält, § 1147. Während aber die Grundschuld ein selbständiges, von einer Forderung wenigstens rechtlich unabhängiges Recht ist (§ 1191), dient die Hypothek der Forderung, für die sie bestellt ist (§ 1113); sie ist als Gläubigerrecht von der Forderung abhängig (§ 1163 Abs. 1 Satz 2) und ist mit der Forderung untrennbar verbunden (§ 1153 Abs. 2); im Verhältnis zueinander ist die Forderung das Hauptrecht, die Hypothek das Nebenrecht (§ 401). Die Grundschuld ist daher das einfachere, klarere Recht und soll bei den Betrachtungen unter IV und V der Hypothek vorangestellt werden. b) Grundschuld und Hypothek spalten sich wieder einerseits in Buchgrundschuld und Buchhypothek und anderseits in Briefgrundschuld und Briefhypothek. Buchgrundschuld und Buchhypothek stehen schon mit ihrer Eintragung dem Gläubiger zu. Anders bei Briefgrundschuld und Briefhypothek. Hier wird des weiteren noch ein Brief hergestellt (§ 1116 Abs. 1 mit § 1192), und zwar vom Grundbuchamt (§§ 56 und 70 GBO.), und dem Eigentümer des Grundstücks übergeben (§§ 60, 70 GBO.). Solange der Brief noch in Verwahrung des Grundbuchamts oder im Besitz des Eigentümers ist, besteht eine Eigentümergrundschuld (§ 1163 Abs. 2 mit § 1192). Erst wenn der Grundstückseigentümer am Brief dem Gläubiger Besitz überträgt, erwirbt dieser die Grundschuld oder Hypothek (§ 1117 Abs. 1 Satz 1). Als Übertragung kommt, wie sich aus § 1117

Abs. 1 Satz 1 und 2 ergibt, Besitzübertragung im weiteren Sinn in Frage, also die unter I a 1 oben genannten vier Besitzübertragungsformen der §§ 929 mit 931. Weitere Besitzübertragungsform (im weiteren Sinne) ist die in § 1117, Abs. 2 genannte Vereinbarung.

3. Pfändung. Auf Grund des Vollstreckungstitels wird nach § 866 ZPO. eine Sicherungshypothek eingetragen, die nach § 1185 stets nur eine Buchhypothek sein kann.

III. **Forderungen.** 1. Übertragung. Gläubiger B hat gegen Schuldner A eine Forderung. B will seine Forderung gegen A auf B 2 übertragen. Die Übertragung erfolgt durch Übereignungseinigung = Abtretung zwischen B und B 2; § 398.

2. Verpfändung. B will seine Forderung gegen A dem C verpfänden. Die Verpfändung erfolgt durch Verpfändungseinigung zwischen B und C und durch Anzeige der Verpfändung von B an A; § 1274 Abs. 1 Satz 1 mit § 1280. In §§ 1279 ff. wird A Schuldner, B Gläubiger, C Pfandgläubiger genannt. Zwecks Realisierung seines Pfandrechtes ist C nach Fälligkeit seiner Forderung ohne weiteres zur Einziehung der Forderung des B gegen A berechtigt; er kann aber auch verlangen, daß B seine Forderung gegen A an C an Zahlungsstatt abtritt; § 1282. Im ersten Fall bleibt die Forderung des B gegen A vorerst noch im Vermögen des B, im zweiten Fall geht sie auf C über.

3. Pfändung. C will die Forderung des B gegen A auf Grund eines Vollstreckungstitels pfänden. Die Pfändung erfolgt durch Beschluß des Vollstreckungsgerichtes und dessen Zustellung an A; § 829 ZPO. A heißt hier Drittschuldner, B Schuldner, C Gläubiger. Auch beim Zwangspfandrecht kann Gläubiger C die Forderung des B gegen C sich nach seiner Wahl zur

Einziehung oder an Zahlungsstatt zum Nennwerte überweisen lassen. Diese Überweisung bedarf aber eines eigenen Beschlusses des Vollstreckungsgerichtes, für den die gleichen Voraussetzungen wie für den Pfändungsbeschluß gelten und der mit diesem regelmäßig verbunden wird; § 835 ZPO.

Muster für Pfändungs- und Überweisungsbeschluß: „Auf Grund Vollstreckungstitels hat C gegen B eine Forderung zu 3000 Goldmark. Zugunsten des C wird auf dessen Antrag die dem B gegen A zustehende Forderung zu 2000 Goldmark 1. gepfändet und demgemäß a) dem A verboten, an B zu zahlen; b) dem B geboten, sich jeder Verfügung, besonders der Einziehung, zu enthalten; 2. dem C zur Einziehung (oder an Zahlungs Statt zum Nennwerte) überwiesen." Mit Zustellung dieses Beschlusses an A ist die Pfändung und Überweisung der Forderung des B gegen A an C erfolgt. Die Pfändung allein bewirkt lediglich eine Beschlagnahme der Forderung des B, ein Veräußerungsverbot nach §§ 135, 136 BGB. Erst mit Überweisung der Forderung wird Gläubiger entweder Einziehungsberechtigter oder Rechtsnachfolger.

IV. **Buchpfandrechte.** In Betracht kommen Buchgrundschuld und Buchhypothek.

1. Übertragung. A. Buchgrundschuld. Die Übertragung erfolgt nach § 873 Abs. 1 Fall 3 durch Übereignungseinigung und Eintragung.

B. Buchhypothek. a) Hier kommt ein Doppelrecht in Frage, es bestehen immer Forderung und Hypothek; beide Rechte sind nach § 1153 Abs. 2 untrennbar. b) Die Forderung wird an sich nach § 398 lediglich durch Einigung, die Hypothek wird an sich nach § 873 Abs. 1 Fall 3 durch Einigung und Eintragung übertragen. Diese verschiedene Übertragungsart ist mit dem Grundsatz der Untrennbarkeit der Rechte nicht vereinbar; § 1154 Abs. 3 bestimmt daher, daß auch die Forderung nur durch Einigung und Eintragung abgetreten werden kann. c) An sich muß daher sowohl die Forderung wie die Hypothek durch Einigung und Eintragung übertragen werden. d) Einigung in der Richtung auf Forderung und Hypothek und Eintragung in der Richtung auf Forderung und Hypothek ist nun nicht unbedingt nötig. Wie erwähnt, sind Forderung und Hypothek untrennbar verbunden (demgemäß sind auch im Grundbuch beide Rechte untrennbar eingetragen durch die Formel: „Hypothek ohne Brief für 1000 Goldmark Forderung des X"); des ferneren ist die Forderung das Hauptrecht, die Hypothek das Nebenrecht. § 1153 Abs. 1 bestimmt daher, daß, wenn auch nur die Forderung durch Einigung und Eintragung übertragen wird, damit auch die Hypothek ohne weiteres auf den neuen Gläubiger übergeht. Denn daraus, daß der Zedent die Forderung auf den Zessionar im Grundbuch umschreiben läßt, ergibt sich ohne Zweifel, daß er nicht nur die Forderung, sondern auch die Hypothek übertragen wollte. e) Forderung und Hypothek können daher auf zweifache Weise übertragen werden: Entweder durch Einigung und Eintragung nur in der Richtung auf die Forderung, oder durch Einigung und Eintragung in der Richtung auf Forderung und Hypothek.

2. Verpfändung. Die Verpfändung von Rechten erfolgt in der gleichen Weise wie die Übertragung von Rechten, nur tritt an Stelle der Übereignungseinigung die Verpfändungseinigung. Dies bestimmt § 1274 Abs. 1 Satz 1.

A. Buchgrundschuld. Sie wird also verpfändet nach § 873 Abs. 1 Fall 3 mit § 1274 durch Verpfändungseinigung und Eintragung. Dies ergibt sich übrigens auch unmittelbar aus § 873 Abs. 1 Fall 4.

B. Buchhypothek. Im Zusammenhalt mit den obigen Ausführungen erfolgt die Verpfändung durch Verpfändungseinigung und Eintragung in der Richtung auf die Forderung; zulässig ist aber selbstverständlich auch Verpfändungseinigung und Eintragung in der Richtung auf Forderung **und** Hypothek.

3. **Pfändung.** An Stelle der Verpfändungseinigung tritt hier (wie übrigens bei allen Rechten im Gegensatz zu den Sachen, s. §§ 829, 846, 857 ZPO.) der Pfändungsbeschluß des Vollstreckungsgerichtes; dazu hat noch, entsprechend dem Buchcharakter der Rechte, die Eintragung in das Grundbuch zu treten.

A. Buchgrundschuld. Die Pfändung erfolgt durch Pfändungsbeschluß und Eintragung; § 857 Abs. 6 mit § 830 Abs. 1 Satz 3 ZPO.

B. Buchhypothek. Die Pfändung erfolgt durch Pfändungsbeschluß und Eintragung in der Richtung auf die Forderung; § 830 Abs. 1 Satz 3 ZPO. Zulässig ist selbstredend auch Pfändungsbeschluß und Eintragung in der Richtung auf Forderung **und** Hypothek.

Beizufügen ist noch: Zustellung des Pfändungsbeschlusses an den Drittschuldner ist nicht erforderlich, nach den Protokollen deshalb nicht, weil dieser ja nach § 55 GBO. von der erfolgten Pfändungseintragung vom Grundbuchamt sofort benachrichtigt wird. Auch die Überweisung erfolgt durch Beschluß des Vollstreckungsgerichts und bedarf nicht der Zustellung. Bei der Überweisung zur Einziehung ist Eintragung ins Grundbuch nicht erforderlich, wohl aber bei Überweisung an Zahlungsstatt, da hier der Gläubiger Rechtsnachfolger des Schuldners wird, zu dieser Rechtsänderung aber Eintragung erforderlich ist; § 837 Abs. 1 Satz 2; § 835; § 857 Abs. 6 ZPO.

V. **Briefpfandrechte.** In Betracht kommen Briefgrundschuld und Briefhypothek.

1. Übertragung. Während die Buchrechte übertragen werden durch Übereignungseinigung und Eintragung in das Grundbuch, werden die Briefrechte im Interesse der Verkehrserleichterung übertragen durch Übereignungseinigung und Besitzübertragung des über das Recht erteilten Briefes. Die Einigung bedarf hier einer bestimmten Form, nämlich die Erteilung einer schriftlichen oder öffentlich beglaubigten Abtretungserklärung seitens des Eigentümers an den Gäubiger; § 1154 Abs. 1. Wegen der Formen der Besitzübertragung s. unten V a.

A. Briefgrundschuld. Aus § 1192 Abs. 1 mit § 1154 Abs. 1 ergibt sich der Satz: Zur Abtretung der Briefgrundschuld ist Übereignungseinigung (in der vorgenannten Form) und Besitzübertragung des Grundschuldbriefes erforderlich.

B. Briefhypothek. a) Auch hier besteht ein nach § 1153 Abs. 2 untrennbares Doppelrecht, Forderung und Hypothek. b) Die Forderung wird an sich nach § 398 durch bloße Einigung, die Hypothek wird an sich durch Übereignungseinigung und Besitzübertragung des Briefes abgetreten. Der letzte Satz ist im Gesetz nicht ausdrücklich ausgesprochen, wird aber als selbstverständlich unterstellt und ergibt sich daraus, daß die Hypothek ja an sich nichts weiteres ist als eine an eine Forderung gebundene Grundschuld und daher auch wie sie zu übertragen ist. Diese verschiedene Abtretungsart widerspricht dem Grundsatz der Untrennbarkeit der beiden Rechte; § 1154 Abs. 1 bestimmt daher, daß auch die Forderung nur durch Übereignungseinigung und Besitzübertragung des Briefes abgetreten werden kann. c) An sich muß daher sowohl Forderung wie Hypothek durch Übereignungseigung und Besitzübertragung des Briefes übertragen werden. d) Auch hier ist, wie bei der Buchhypothek, Forderung und Hypothek untrennbar verbunden; dabei ist die Forderung das Hauptrecht, die Hypothek das Nebenrecht. Zudem ist hier der Brief für beide Rechte, für Forderung und Hypothek, gemeinsam ausgestellt; § 1153 Abs. 1 bestimmt daher, daß, wenn auch nur die Forderung durch Übereignungseinigung und Besitzübertragung des Briefes abgetreten wird, damit auch die Hypothek ohne weiteres auf den neuen Gläubiger übergeht. Ein Zweifel, daß damit auch die Hypothek übertragen werden wollte, auch wenn sie nicht ausdrücklich in der Einigung genannt ist, ist ausgeschlossen. e) Forderung und Hypothek können daher auf zweifache Weise übertragen werden: Entweder durch Übereignungseinigung nur in der Richtung auf die Forderung und Besitzübertragung des Briefes, oder durch Übereignungseinigung in der Richtung auf Forderung und Hypothek und Besitzübertragung des Briefes.

2. Verpfändung. A. Briefgrundschuld. Wie oben erwähnt, wird die Briefgrundschuld nach § 1192 Abs. 1 mit § 1154 Abs. 1 übertragen durch Übereignungseinigung und Besitzübertragung des Briefes. Nach § 1274 Abs. 1 wird demgemäß die Briefgrundschuld verpfändet durch Verpfändungseinigung (in der oben bezeichneten Form) und Besitzübertragung des Briefes.

B. Briefhypothek. Nach §§ 1153, 1154 (siehe oben) wird die Briefhypothek übertragen durch Übereignungseinigung in der Richtung auf die Forderung (nach Belieben auch noch dazu in der Richtung auf die Hypothek) und durch Besitzübertragung des Briefes. Nach § 1274 Abs. 1 wird demgemäß die Briefhypothek verpfändet durch Verpfändungseinigung in der Richtung auf die Forderung (nach Belieben auch noch dazu in der Richtung auf die Hypothek) und durch Besitzübertragung des Briefes.

3. Pfändung. An Stelle der Verpfändungseinigung tritt Pfändungsbeschluß des Vollstreckungsgerichtes; dazu tritt noch Besitzübertragung des Briefes.

A. Briefgrundschuld. Erforderlich ist Pfändungsbeschluß und Besitzübertragung des Grundschuldbriefes; § 857 Abs. 6 mit § 830 Abs. 1 Satz 1 und 2 ZPO.

B. Briefhypothek. Erforderlich ist Pfändungsbeschluß in der Richtung auf die Forderung und Besitzübertragung des Hypothekenbriefes; § 830 Abs. 1 Satz 1 und 2 ZPO. Unschädlich ist es selbstredend, wenn der Pfändungsbeschluß sich außer auf die Forderung auch auf die Hypothek erstreckt. Auch hier ist die Zustellung des Pfändungsbeschlusses an den Drittschuldner vom Gesetz nicht verlangt, obwohl § 55 GBO. hier gar nicht in Frage kommt. Auch hier muß Grundschuld und Hypothek durch eigenen Überweisungsbeschluß, der mit dem Pfändungsbeschluß meist verbunden wird, dem Gläubiger nach Wahl zur Einziehung oder an Zahlungsstatt zum Nennwerte überwiesen werden; §§ 837, 835, 857 Abs. 6 ZPO.; eine Eintragung kommt hier selbstredend in keinem Falle in Frage.

Va. **Besitzübertragung des Briefes.** 1. Bei Übertragung von Briefgrundschuld und Briefhypothek. § 1154 Abs. 1 spricht von Übergabe, also körperlicher Übergabe und verweist im übrigen auf § 1117; dieser aber verweist, soweit er nicht selbst wieder von körperlicher Besitzübergabe spricht, auf die §§ 929 Satz 2, ferner 930 und 931. Daraus folgt, daß Besitzübertragung im weiteren Sinn, also die oben bei

I a 1 genannten Formen in Frage kommen. Da aber § 1154 Abs. 1 auf den ganzen § 1117, also auch auf dessen Abs. 2 verweist, so ergibt sich, daß die körperliche Übergabe auch durch eine Vereinbarung ersetzt werden kann, daß der neue Gläubiger berechtigt sein soll, sich den Brief vom Grundbuchamt aushändigen zu lassen. Dieses Ersatzmittel ist in jenen Fällen von praktischer Bedeutung, in denen das Grundbuchamt den Brief aus irgendwelchen Gründen (s. §§ 62, 70 GBO.) in Verwahrung hat. Als Formen der Besitzübertragung kommen demnach hier in Frage: a) Wenn der Zedent unmittelbarer Besitzer des Briefes ist: körperliche Besitzübergabe. b) Wenn der Zessionar schon unmittelbarer Besitzer ist, etwa als Verwahrer, Pfandgläubiger: brevi manu traditio. c) Wenn der Zedent unmittelbarer Besitzer ist und bleiben will: Besitzkonstitut. d) Wenn ein Dritter unmittelbarer Besitzer ist — und zwar ohne Unterschied, ob der Zedent mittelbaren Besitz hat oder nicht — Abtretung des HA. Unmittelbarer Besitzer kann hier auch das Grundbuchamt sein; in diesem Spezialfall kann die körperliche Besitzübergabe außer durch Abtretung des HA. auch durch eine Vereinbarung nach § 1117 Abs. 2 ersetzt werden.

2. Bei Verpfändung von Briefgrundschuld und Briefhypothek. Aus § 1274 Abs. 1 Satz 1 würde folgen, daß auch bei Verpfändung die Besitzübertragung des Briefes in der vorgenannten Weise erfolgt. Nun bestimmt aber § 1274 Abs. 1 Satz 2: „Ist zur Übertragung des Rechtes die Übergabe einer Sache erforderlich, so finden die Vorschriften der §§ 1205, 1206 Anwendung. Dabei ist unter „Übergabe" sinngemäß nicht nur die körperliche Besitzübergabe, sondern die Besitzübertragung im weiteren Sinn zu verstehen; auf diese Besitzübertragung finden also nicht die §§ 929 mit 931, sondern die

§§ 1205, 1206 Anwendung. Als Formen der Besitzübertragung kommen demnach hier in Frage:

a) Wenn der Verpfänder unmittelbarer Besitzer ist: körperliche Besitzübergabe.

b) Wenn der Pfandgläubiger schon unmittelbarer Besitzer ist: brevi manu traditio.

c) Constitutum possessorium ist hier unzulässig.

d) Ist ein Dritter unmittelbarer Besitzer, des Briefes, so ist zu unterscheiden: *α*) Ist der Verpfänder mittelbarer Besitzer, etwa als Hinterleger oder Verpfänder, so kann die körperliche Besitzübergabe durch Abtretung des dinglichen HA., der die Abtretung des persönlichen HA. und damit die Übertragung des mittelbaren Besitzes zur Folge hat, und durch Anzeige der Verpfändung an den Dritten ersetzt werden. Ob im Spezialfall, daß das Grundbuchamt unmittelbarer Besitzer ist, auch bei der Verpfändung § 1117 Abs. 2 anwendbar ist, ist bestritten S. Planck (1920) § 1274 Anm. 2a Abs. 1. *β*) Ist der Verpfänder nicht mittelbarer Besitzer, so kann vorerst hier nur der HA. nach §§ 1274, 1280 verpfändet werden; erst wenn sodann der Pfandgläubiger den körperlichen Besitz am Briefe erlangt hat, freiwillig oder zwangsweise nach § 883 ZPO., entsteht Pfandrecht an der Grundschuld oder Hypothek selbst.

e) Ersatz der körperlichen Übergabe durch Einräumung des Mitbesitzes nach § 1206 ist zulässig.

3. Bei Pfändung von Briefgrundschuld und Briefhypothek. Hier kommt nur Besitzübertragung im engeren Sinne, also körperliche Besitzübergabe, in Frage; § 830 Abs. 1 Satz 1 und § 857 Abs. 6 ZPO. Der Pfändungsbeschluß verleiht, wie aus § 830 Abs. 1 Satz 2 gefolgert werden muß, dem Gläu-

biger gegen den Schuldner einen Herausgabe-anspruch wegen des Briefes, und bildet zugleich einen Vollstreckungstitel zur Erzwingung der Herausgabe nach § 883 ZPO. Stein-Jonas 1929 § 830 Anm. IV 2; Hein, Zwangsvollstreckung 1914 S. 372.

a) Der Schuldner ist unmittelbarer, körperlicher Besitzer. Entweder übergibt der Schuldner dem Gläubiger oder dem Gerichtsvollzieher den Brief gutwillig, oder der Gerichtsvollzieher nimmt ihn dem Schuldner zwangsweise weg und liefert ihn dem Gläubiger ab. § 830 Abs. 1 Satz 1 und 2 ZPO.

b) Der Gläubiger ist unmittelbarer Besitzer des Briefes; hier erübrigt sich die Besitzübergabe; die Pfändung von Grundschuld und Hypothek ist hier schon mit dem Pfändungsbeschluß, d. h. mit dessen Aushändigung an den Gläubiger, vollzogen.

c) Constitutum possessorium kommt hier nicht in Frage.

d) Ein Dritter ist unmittelbarer Besitzer des Briefes. Ist der Dritte sofort zur Herausgabe bereit, so ist das Briefrecht mit Übergabe des Briefes an den Gläubiger gepfändet. Ist der Dritte zur Herausgabe nicht bereit, so gilt folgendes: Der Gläubiger hat auf Grund seines Pfändungsbeschlusses gegen Schuldner einen vollstreckbaren HA. wegen des Briefes nach § 883 ZPO. Der Schuldner hat auf Grund des § 985 BGB. gegen den Drittschuldner einen HA. wegen des Briefes, d. h. der Dritte muß dem Schuldner den Brief entweder freiwillig, oder, nach Klage und Urteil, zwangsweise nach § 883 ZPO. herausgeben. Der Gläubiger läßt nun den HA. des Schuldners gegen den Dritten, ähnlich einer Forderung, nach § 886 ZPO. pfänden und sich zur Einziehung überweisen. Nunmehr hat der Gläubiger unmittelbar gegen den Drittschuldner einen HA. Entweder gibt der Dritte nunmehr den Brief dem Gläubiger heraus, oder er wird im Weigerungsfalle vom Gläubiger verklagt, und es erfolgt dann im Falle eines obsiegenden Urteils Vollstreckung nach § 883 ZPO. S. Stein-Jonas §§ 886 und 830 Anm. IV 2 b. Erfolgt die Herausgabe des Briefes an den Gläubiger auf die eine oder andere Weise, so ist damit Pfandrecht an Briefgrundschuld oder Briefhypothek entstanden. Es ist also nicht nur Pfändungs- und Überweisungsbeschluß in der Richtung auf das Briefrecht als solches, sondern es ist des weiteren noch Pfändungs- und Überweisungsbeschluß in der Richtung auf den HA. hinsichtlich des Briefes selbst nötig, und erst, wenn auf Grund dieses letzten Beschlusses der Gläubiger den körperlichen Besitz des Briefes erlangt hat, ist Pfandrecht an der Briefgrundschuld oder an der Briefhypothek selbst entstanden. Es sind hier vier Personen auseinanderzuhalten: Gläubiger, dann Schuldner, nämlich der Inhaber der Briefgrundschuld oder Briefhypothek, ferner der Drittschuldner, nämlich der Grundstückseigentümer, endlich der Dritte, nämlich der unmittelbare Besitzer des Briefes. Als Drittbesitzer kann auch das Grundbuchamt in Frage kommen, das den Brief nicht selten auf Grund eines dem Verwahrungsvertrag ähnlichen Rechtsverhältnisses besitzt; s. Güthe 1925 § 60 Anm. 2.

V b. **Gemischtes System.** Bei der Briefgrundschuld und der Briefhypothek kann die schriftliche Form der Abtretungserklärung durch die Eintragung der Abtretung in das Grundbuch ersetzt werden; §§ 1192, 1154 Abs. 2. Das entsprechende gilt für die Verpfändung; § 1274 Abs. 1 Satz 1. Übertragung und Verpfändung können daher auch durch Eintragung im Grundbuch und Besitzübertragung des Briefes erfolgen. Nach § 42 GBO. darf die Eintragung im Grundbuch erst erfolgen, wenn der Brief dem Grundbuchamt vorgelegt ist, und nach § 62 GBO. ist die erfolgte Eintragung auf dem Briefe zu vermerken. Der gesetzgeberische Zweck des § 1154 Abs. 2 ist gerade der, daß die Eintragung im Grundbuch auf dem Briefe zu vermerken ist und daß dadurch der Berechtigte einen Ausweis in öffentlicher Urkunde erhält. Immerhin ist durch diese Bestimmung der klare Unterschied zwischen Buch- und Briefrecht beeinträchtigt, und die Gefahr gegeben, daß von den Beteiligten das Briefrecht wie ein Buchrecht und der Brief wie ein Grundbuchauszug angesehen und behandelt wird. Die Pfändung ist nur außerhalb des Grundbuchs durch Pfändungsbeschluß und Briefübergabe möglich; nachträgliche Eintragung der Pfändung im Grundbuch ist zwar zulässig, die hat aber nur die Bedeutung einer Grundbuchberichtigung; s. Güthe § 19 Anm. 131.

V c. **Zusammenfassung.** Es ergibt sich hiemit folgendes:

1 a. Die Briefgrundschuld wird übertragen entweder durch Erteilung einer schriftlichen oder öffentlich beglaubigten Abtretungserklärung in der Richtung auf die Grundschuld und Besitzübertragung des Briefes, oder durch Abtretungseintragung im Grundbuch und Besitzübertragung des Briefes. 1 b. Die Briefhypothek wird in der gleichen Weise übertragen, nur daß sich Abtretungserklärung oder Abtretungseintragung nicht auf eine Grundschuld, sondern auf die Forderung mit der dazu gehörigen Hypothek beziehen.

2 a. Die Briefgrundschuld wird verpfändet entweder durch Erteilung einer schriftlichen oder öffentlich beglaubigten Verpfändungserklärung

in der Richtung auf die Grundschuld und Besitzübertragung des Briefes. Oder durch Verpfändungseintragung im Grundbuch und Besitzübertragung des Briefes. 2 b. Die Briefhypothek wird in der gleichen Weise verpfändet, nur daß sich Verpfändungserklärung und Verpfändungseintragung nicht auf eine Grundschuld, sondern auf die Forderung mit der dazu gehörigen Hypothek beziehen.

3 a. Die Briefgrundschuld wird gepfändet durch Pfändungsbeschluß in der Richtung auf die Grundschuld und Besitzübergabe des Briefes. Zur Überweisung der Grundschuld, zur Einziehung oder an Zahlungs Statt, ist des weiteren noch ein mit dem Pfändungsbeschluß in der Regel zu verbindender Überweisungsbeschluß erforderlich. 3 b. Die Briefhypothek wird in der gleichen Weise gepfändet, nur erstreckt sich Pfändungs- und Überweisungsbeschluß hier nicht auf eine Grundschuld, sondern auf die Forderung mit der dazu gehörigen Hypothek.

Wie dabei in den Fällen 1 und 2 die Besitzübertragung und in den Fällen 3 die Besitzübergabe des Briefes erfolgt, ist oben unter V a des näheren dargelegt.

VI. **Bucheigentümergrundschuld.** A. Die ursprüngliche Bucheigentümergrundschuld. Der Eigentümer kann auch für sich eine Grundschuld bestellen; die Bestellung erfolgt durch Erklärung gegenüber dem Grundbuchamt und Eintragung; § 1196. Von den Gläubigergrundschulden unterscheidet sie sich lediglich dadurch, daß nach § 1197 aus ihr nicht vollstreckt werden kann; im übrigen kann über sie wie über eine gewöhnliche Grundschuld verfügt werden. Übertragung erfolgt daher durch Übereignungseinigung und Eintragung, Verpfändung durch Verpfändungseinigung und Eintragung, Pfändung durch Pfändungs- und Überweisungsbeschluß braucht nur ein Verfügungsverbot an den Schuldner zu enthalten; das Zahlungsverbot erübrigt sich, da ein Drittschuldner nicht vorhanden ist (Hein, Zwangsvollstreckung 1914 S. 383). Die Ansicht, die Pfändung könne nach § 857 Abs. 1 und 2 ZPO. durch Pfändungsbeschluß und Zustellung erfolgen, da ein Recht ohne Drittschuldner nach § 857 Abs. 1 und 2 ZPO. in Frage stehe (Stein-Jonas 1929 § 857 Anm. II 6), ist unhaltbar.

B. Die noch nicht berichtigte Bucheigentümergrundschuld. Tatbestand: Auf dem Grundstück des A ist eine Buchhypothek des B eingetragen; die Forderung des B ist aber nunmehr erloschen. Die Folge ist, daß die Hypothek nach §§ 1163 Abs. 1 Satz 2, 1177 in eine Grundschuld des Eigentümers A übergegangen und damit das Grundbuch unrichtig geworden ist. A hat daher gegen B einen Berichtigungsanspruch nach § 894 BGB., d. h. B muß entweder Berichtigungseinwilligung nach § 19 GBO. oder eine Quittung nach § 22 GBO. abgeben, jedesmal in der Form des § 22 GBO. A kann sodann die Berichtigung nach § 13 GBO. beantragen und auf Grund einer der beiden Erklärungen des B die Berichtigung herbeiführen. Als vorläufiges Sicherungsmittel gegen die Gefahren des öffentlichen Glaubens kann A auch einstweilen die Eintragung eines Widerspruchs nach § 899 veranlassen. Will nun vor Berichtigung über die Eigentümergrundschuld verfügt werden, so ergibt sich folgendes:

1. Übertragung. Wie der Eigentümer die ursprüngliche Bucheigentümergrundschuld abtreten kann, so kann er auch die ihm nachträglich nach §§ 1163, 1177 zugefallene Eigentümergrundschuld abtreten. Erforderlich ist hie-

zu Einigung und Eintragung. Einigung (in Form der Eintragungsbewilligung des § 19 GBO.) kann er ohne weiteres erklären; denn er ist ja gegenwärtiger Inhaber der Grundschuld. Der Eintragung steht aber das Hindernis des § 40 GBO. entgegen. Der Eigentümer muß daher auf Grund seines Berichtigungsanspruchs zuvor die Hypothek des B auf sich als Grundschuld umschreiben lassen, dann erst ist die Umschreibung der Eigentümergrundschuld auf den neuen Gläubiger möglich; unter Umständen kann zugleich Umwandlung der Grundschuld in eine neuerliche Hypothek erfolgen; s. DAnw. f. GBA. S. 407 Nr. 4 und 5.

2. Verpfändung. Auch hier ist die noch auf B eingetragene Hypothek, der wahren Rechtslage entsprechend, zuvor in eine Grundschuld des A zu berichtigen; dann erst kann die Verpfändung eingetragen werden.

3. Pfändung. Erforderlich ist Pfändungsbeschluß und Eintragung. Ersterer kann ohne weiteres vom Gläubiger C auf Grund seines Vollstreckungstitels gegen A veranlaßt werden; der Eintragung steht aber auch hier das Hindernis des § 40 GBO. entgegen. A hat gegen B den Berichtigungsanspruch des § 894. C läßt auf Grund seines Vollstreckungstitels gegen A diesen Anspruch des A gegen B nach § 857 Abs. 1 ZPO., also in der Form der §§ 829, 835 ZPO. pfänden und sich zur Einziehung überweisen. Nunmehr kann C unmittelbar von B die Zustimmung zur Berichtigung des Grundbuchs verlangen. Erteilt B dem C Berichtigungsbewilligung oder Quittung (nötigenfalls nach durchgeführter Klage nach § 894 ZPO.), so kann C zuerst auf Grund des § 14 GBO. beantragen, daß die Hypothek des B auf A als Grundschuld umschrieben wird, und sodann die Eintragung der Pfändung dieser Grundschuld

beantragen. Zur einstweiligen Sicherung kann C auch die Eintragung eines Widerspruchs nach § 899 beantragen.

C. Die zukünftige Bucheigentümergrundschuld. Kann diese abgetreten werden? Dazu wäre Einigung und Eintragung erforderlich. Nach der herrschenden Ansicht, auch der des Reichsgerichtes, kann zwar eine rechtsgültige Einigung getroffen werden, weil es sich um ein zukünftiges Recht handelt, das in einem bereits bestehenden Rechtsverhältnisse seine Grundlage hat, und Vorausverfügungen über solche zukünftigte Rechte zulässig sind (s. Planck 1920 § 1177 Anm. 4 b). Nach anderer Ansicht ist aber eine solche Verfügung unzulässig, da eine ungewisse Aussicht auf Erlangung eines Rechtes, das gegenwärtig einem Anderen gehört, nicht als Vermögensrecht erachtet werden kann, das in das Vermögen eines Dritten übertragen werden könnte (s. RGRK. 1928 § 1163 Anm. 3 a. E.). Die Vertreter beider Ansichten stimmen aber darin überein, daß auf jeden Fall die des weiteren erforderliche Eintragung nicht möglich ist, eben wegen des dieser entgegenstehenden § 40 GBO. (Güthe-Triebel 1925 Bd. II S. 1730/1). Die Abtretung der zukünftigen Bucheigentümergrundschuld ist daher nicht möglich. Das gleiche gilt entsprechend für die Verpfändung und Pfändung.

VII. **Briefeigentümergrundschuld.** A. Die ursprüngliche Briefeigentümergrundschuld. Sie entsteht mit Eintragung im Grundbuch und Erteilung = Herstellung des Briefes §§ 1196, 1116 Abs. 1. Der erteilte Brief ist nach §§ 60, 70 GBO. vom Grundbuchamt dem Eigentümer auszuhändigen. Da aber die Briefeigentümergrundschuld schon mit dem Moment der Herstellung des Briefes entstanden ist, sind zwei Stadien zu unterscheiden: 1. Stadium:

Das Grundbuchamt hat den Brief noch in Verwahrung. 2. Stadium: Das Grundbuchamt hat den Brief dem Eigentümer ausgehändigt. Im zweiten Stadium liegt eine gewöhnliche Briefgrundschuld vor, nur daß nicht ein fremder Gläubiger, sondern der Grundstückseigentümer selbst Inhaber des Rechtes ist. An dem Brief sind nun des weiteren die oben unter V a erwähnten Besitzverhältnisse möglich. Die Briefeigentümergrundschuld kann nach den oben unter V c genannten Gesichtspunkten übertragen, verpfändet und gepfändet werden. Im ersten Stadium dagegen liegen beim Brief die Besitzverhältnisse unter dem mehrgenannten Fall d vor, und zwar mit der Maßnahme, daß nicht ein beliebiger Dritter, sondern das Grundbuchamt unmittelbarer Besitzer ist, und zwar auf Grund eines dem Verwahrungsvertrag ähnlichen Rechtsverhältnisses (Güthe-Triebel 1925 § 60 Anm. 2); der Grundstückseigentümer ist mittelbarer Besitzer. Die Briefeigentümergrundschuld kann daher schon in diesem Stadium übertragen, verpfändet und gepfändet werden wie oben unter V c ausgeführt, die Besitzübertragung des Briefes erfolgt dabei aber nur in den oben unter V a jeweils unter d ausgeführten Formen. Bei Übertragung der Briefeigentümergrundschuld hat daher die Besitzübertragung des Briefes durch Abtretung des HA. oder durch eine Vereinbarung nach § 1117 Abs. 2 zu erfolgen; bei Verpfändung der Briefeigentümergrundschuld ist zur Besitzübertragung des Briefes Abtretung des dinglichen und damit des persönlichen HA. und damit die Übertragung des mittelbaren Besitzes, des weiteren Anzeige an das Grundbuchamt erforderlich; ob hier auch eine Vereinbarung nach § 1117 Abs. 2 genügt, ist, wie oben erwähnt, bestritten. Bei Pfändung muß endlich der Anspruch des Grundstückseigentümers gegen das Grundbuchamt auf Herausgabe des Briefes zugunsten des Gläubigers gepfändet und überwiesen werden; legt der Gerichtsvollzieher einen solchen Beschluß dem Grundbuchamt vor, so hat es den Brief herauszugeben und ist damit das Pfandrecht des Gläubigers an der Briefeigentümergrundschuld entstanden.

Zu erwähnen ist noch, daß bei Übertragung der Grundschuld nach § 1154 Abs. 2 der vom Grundbuchamt hergestellte Brief als im Sinne des § 42 GBO. vorgelegt gilt; s. Güthe-Triebel 1923 § 42 Anm. 10.

Dem ist noch beizufügen: Liegt dem Grundbuchamt eine Erklärung des Grundstückseigentümers nach § 1196 Abs. 2 vor, so kann schon mit diesem Zeitpunkte, also schon vor Entstehung des Rechtes, eine rechtsgültige Abtretungserklärung nach § 1154 Abs. 1 erteilt werden; die endgültige Übertragung des Rechtes ist aber selbstredend von dessen Entstehung abhängig, eine Rückbeziehung kann nicht stattfinden; s. Staudinger 1926 § 1154 Anm. 1 b und o. Das Gleiche muß entsprechend für die Verpfändung und Pfändung der erst künftig entstehende Briefeigentümergrundschuld gelten.

B. Die vorläufige Briefeigentümergrundschuld wegen noch nicht erfolgter Übergabe des Briefes an den Gläubiger.

AA. Tatbestand: A bestellt dem B eine Briefgrundschuld. Das Grundbuchamt trägt für B eine Briefgrundschuld ein und stellt einen Brief für B her. Hier sind drei Stadien zu unterscheiden: 1. Stadium: Das Grundbuchamt hat den Brief noch in Verwahrung. 2. Stadium: Das Grundbuchamt hat den Brief nach

§§ 60, 70 GBO. dem Eigentümer A ausgehändigt. 3. Stadium: Der Eigentümer A hat den Brief nach §§ 1117 und 1192 dem Gläubiger B zum Besitz übertragen.

Im dritten Stadium liegt eine gewöhnliche Gläubigerbriefgrundschuld vor; an den Brief sind des weiteren die oben unter V a genannten Besitzverhältnisse möglich, Übertragung, Verpfändung und Pfändung kann daher nach den oben unter V c genannten Regeln erfolgen. Für das zweite Stadium ist § 1163 Abs. 2 von grundlegender Bedeutung. Obwohl B im Grundbuch als Gläubiger eingetragen und im Brief als Gläubiger genannt ist, ist doch vorerst die Grundschuld noch im Vermögen des A und daher nach § 952 auch der Brief vorerst noch Eigentum des A. Es besteht vorerst noch Briefeigentümergrundschuld des A, und über Recht und Brief kann vorerst noch ganz in der gleichen Weise verfügt werden, als wenn A in Grundbuch und Brief als der Berechtigte eingetragen wäre. Zwar wird B gegen A regelmäßig einen vertragsmäßigen obligatorischen Anspruch auf Verschaffung der Grundschuld haben; dieser rein persönliche Anspruch hat aber nicht die Kraft, vertragswidrige oder im Wege der Zwangsvollstreckung erfolgte Verfügungen über die Briefeigentümergrundschuld des A zu verhindern; s. RGRKomm. 1928 § 1117 Anm. 1. A kann daher nach den oben genannten Regeln unter V c seine Briefgrundschuld nach Belieben, wenn auch vertragswidrig, übertragen oder verpfänden; in gleicher Weise ist deren Pfändung möglich. Gegen solche Verfügungen kann sich der Gläubiger entweder durch Eintragung einer Vormerkung nach § 883 sichern, oder dadurch, daß eine Vereinbarung nach § 1117 Abs. 2 getroffen wird, in welchem Falle der

Brief schon mit seiner Herstellung als dem Gläubiger übergeben gilt, und daher sofort schon eine Gläubigergrundschuld besteht, mithin schon eine Grundschuld im dritten Stadium vorliegt. Für das erste Stadium gelten rechtlich die gleichen Gesichtspunkte, nur mit der Besonderheit, daß hier der Brief im unmittelbaren Besitze eines Dritten, und zwar des Grundbuchamtes, sich befindet. Für Übertragung, Verpfändung und Pfändung dieser Briefeigentümergrundschuld gilt daher das oben unter VII, A (erstes Stadium) Gesagte.

BB. Tatbestand: A bestellt dem B eine Briefhypothek. Das Grundbuchamt trägt für B eine Briefhypothek ein und stellt einen Brief für B her. Auch hier kommen die drei Stadien in Frage. Im ersten und zweiten Stadium besteht, wie oben, vorerst eine Briefeigentümergrundschuld des A, und zwar nicht nur stets aus dem Grunde des § 1163 Abs. 2, sondern, falls die Forderung noch nicht zur Entstehung gelangt sein sollte, daneben auch aus dem Grunde des § 1163 Abs. 1 Satz 1. Das oben Gesagte gilt daher auch hier. Dagegen ist wegen des dritten Stadiums zu sagen: α) Ist die Hypothek nunmehr valutiert worden (und das ist regelmäßig der Fall, weil meistens Übergabe des Briefes und Zahlung der Valuta Zug um Zug erfolgen), so hat nunmehr B die Briefhypothek erworben, Verfügungen von und gegen A sind nicht mehr möglich. β) Ist dagegen eine Forderung des B ausnahmsweise noch nicht entstanden, so liegt trotz Briefübergabe an B immer noch eine Briefeigentümergrundschuld des A vor, zwar nicht aus § 1163 Abs. 2, wohl aber aus § 1163 Abs. 1 Satz 1. Beim Brief liegt ein Besitzverhältnis nach Fall d vor, der im Grundbuch und Brief bisher noch zu Unrecht als Gläubiger eingetragene B ist hier unmittelbarer Besitzer. Die Briefeigentümergrundschuld des A kann daher bis zur Zahlung der Valuta übertragen, verpfändet und gepfändet werden, wie oben unter V c ausgeführt. Die Besitzübertragung des Briefes erfolgt in den oben unter V a jeweils unter Fall d dargelegten Formen; s. auch RGRKomm. 1928 § 1163 Anm. 7. Das Gleiche ist der Fall, wenn die Forderung später weggefallen ist, B aber den Brief noch nicht an A zurückgegeben hat, aus § 1163 Abs. 1 Satz 2.

VIII. **Inhaberpapiere.** Einfacher gestaltet sich die Verfügung über die Inhaberpapiere. Bei diesen haftet die Forderung am Papier und ist in diesem verkörpert. Es erfolgt daher 1. Übertragung durch Übereignungseinigung und Besitzübertragung des Papieres nach §§ 929 bis 931; dabei ist noch § 935 Abs. 2 zu beachten. 2. Verpfändung durch Verpfändungseinigung und Besitzübertragung des Papieres nach §§ 1293, 1205. 3. Pfändung durch Pfändungsakt des Gerichtsvollziehers nach §§ 808, 821 ZPO.

IX. **Erbanteile.** Steht ein Nachlaß mehreren Erben zu, so kann jeder Miterbe über seinen Anteil am Nachlasse verfügen (ihn insbesondere übertragen und verpfänden), nicht aber über seinen Anteil an den einzelnen Nachlaßgegenständen § 2033 Abs. 1 und 2; über einen einzelnen Nachlaßgegenstand können die Miterben nur gemeinschaftlich verfügen § 2040 Abs. 1. Entsprechendes gilt für die Pfändung nach § 859 ZPO. Die Übertragung und Verpfändung des Anteils am Nachlaß erfolgt nach § 2033 Abs. 1 durch gerichtliche oder notarielle Urkunde, die Pfändung nach §§ 857 Abs. 1

und 2 und 829 ZPO. durch Pfändungsbeschluß und Zustellung.

Gehört zum Nachlaß ein Buchrecht, insbesondere Grundstückseigentum, Grundschuld oder Hypothek, so wird dieses Buchrecht auf Antrag auf die Miterben umschrieben und zwar, um ersichtlich zu machen, daß ein Miterbe über seinen Anteil an diesem einzelnen Nachlaßgegenstand nicht verfügen kann, auf die Miterben in Erbengemeinschaft. Wird später der Anteil eines Miterben am Nachlaß übertragen, verpfändet oder gepfändet (wie oben gezeigt durch Vorgänge außerhalb des Grundbuchs), so ist sicher, daß damit der Anteil des Miterben an dem Buchrechte = einzelnen Nachlaßgegenstand nicht übertragen, verpfändet oder gepfändet ist. Es frägt sich aber, ob trotzdem die erfolgte Verfügung über den Anteil am Nachlaß im Grundbuch bei dem Anteil am einzelnen Nachlaßgegenstand eingetragen werden kann.

1. Die früheren Entscheidungen befaßten sich besonders mit der Pfändung des Erbanteils und kamen (insbesondere RJA. Bd. 6, 235) zu folgendem Ergebnis: Infolge der Pfändung seines Anteils hat sich der Schuldner durch das Gebot nach § 829 Abs. 1 ZPO. aller Verfügungen zu enthalten, die dem Gläubiger nachteilig wären. Trotzdem vom Schuldner vorgenommene Verfügungen sind nach §§ 135, 136 dem Gläubiger gegenüber relativ unwirksam. Diese Verfügungsbeschränkung ergreift nun nicht nur Verfügungen über den Anteil des Schuldners am ganzen Nachlaß nach § 2033, sondern auch Verfügungen über einzelne Nachlaßgegenstände, zu denen der Schuldner als Mitglied der Erbengemeinschaft im Zusammenwirken mit den übrigen Miterben nach § 2040 befugt ist. Diese Pfändung des Erbteils bewirkt daher auch eine Ver-

fügungsbeschränkung in der Richtung auf den im Grundbuch eingetragenen einzelnen Nachlaßgegenstand (Grundstück, Grundschuld, Hypothek). Es liegt daher eine Verfügungsbeschränkung auch im Sinne des § 892 Abs. 1 Satz 2 vor, diese (nicht etwa ein Widerspruch) kann daher im Grundbuch nach § 22 Abs. 1 Satz 2 GBO. eingetragen werden; s. auch Beschluß des BayObLG. vom 4. Dez. 1926 in BayZ. 1927, 93; Bay.-NotV. 1927, 102.

2. Einen umfassenden Standpunkt nimmt der Beschluß des Reichsgerichts vom 16. Mai 1917 (RGZ. 90, 232) ein. Hier ist dem Sinne nach ausgeführt: Im Grundbuch sind A, B und C als Miterben in Erbengemeinschaft eingetreten. Dies bedeutet einmal, daß A, B und C Miterben eines Nachlasses sind, über dessen Anteile jeder Miterbe selbständig nach § 2033 verfügen kann; es bedeutet aber des ferneren, daß zum Nachlaß auch das gegenwärtige Grundbuchrecht gehört, über das A, B und C nach § 2040 gemeinschaftlich verfügen können. Überträgt nun etwa C seinen Anteil am ganzen Nachlaß durch gerichtliche oder notarielle Urkunde, also durch einen Vorgang außerhalb des Grundbuchs, an D, so ist damit das Grundbuch unrichtig geworden. Denn nunmehr können nicht mehr die eingetragenen A, B, C über das betreffende Grundbuchrecht verfügen, sondern nur mehr A, B, D. Eben mit Rücksicht auf den (§ 892) öffentlichen Glauben des Grundbuchs gewährt aber das Gesetz in § 894 BGB., § 22 GBO. die Berichtigung des Grundbuchs. D kann daher die Umschreibung des Anteilrechtes des C auf sich beantragen, nicht etwa, weil er den Anteil am Grundbuchrecht erworben hat, sondern weil er den Anteil am Nachlaß erworben hat und daher befugt ist, nunmehr mit den übrigen Miterben über den einzelnen Nachlaßgegenstand, hier das

Grundbuchrecht, zu verfügen. In gleicher Weise wie die Übertragung, kann auch die Verpfändung und Pfändung des Anteils am Nachlaß im Grundbuch eingetragen werden; s. auch Bay.-NotV. 1927 S. 168; RGRKomm. 1928 § 2033 Anm. 3 Ende; Güthe-Triebel 1929 § 36 Anm. 19 Abs. 1 Ende.

FSC
www.fsc.org
MIX
Papier | Fördert gute Waldnutzung
FSC® C083411

Kolibri 360 GmbH
Ferdinand-Jühlke-Straße 7
99095 Erfurt, Deutschland
produktsicherheit@kolibri360.de